ALCESTE,
OU
LE TRIOMPHE D'ALCIDE,
TRAGÉDIE,

Repréſentée devant le Roi à Fontainebleau,
le   Novembre 1754.

DE L'IMPRIMERIE
DE BALLARD, ſeul Imprimeur du Roi pour la Muſique, & Noteur
de la Chapelle de Sa Majeſté, rue Saint-Jean-de-Beauvais, à Sainte Cécile.

Par exprès Commandement de SA MAJESTÉ.

Les Paroles font du feu Sr. QUINAULT.

La Mufique du feu Sr. LULLY.

Les Ballets de la Compofition du Sr. LAVAL,
  Maître des Ballets du Roi.

CHŒURS CHANTANS.

Côté du Roi.	Côté de la Reine.
Les Demoiselles.	*Les Demoiselles.*
Canavas.	Godonêche.
Baurans.	Travaux.
D'Egremont L.	Chefvremont
Bertrand.	D'Egremont C.
Les Sieurs.	*Les Sieurs.*
Camus.	Chabalante,
Ayutò.	Joguet.
Benoît.	Guerin.
Bosquillon.	Abraham.
Godonêche.	Du Cros.
Gros.	Richer P.
Bêche.	D'Egremont.
Le Begue.	Tavernier.
Bazire.	Charles.
Doublet	Francifque.

ACTEURS DE LA TRAGÉDIE.

ALCIDE, ou HERCULE, Le Sr. DE CHASSÉ.
LYCAS, *Confident d'Alcide*,   Le Sr. POIRIER.
STRATON, *Confident
   de Licomede*,   Le Sr. CUVILLIERS.
CÉPHISE, *Confidente d'Alceste*,   La Dlle. FEL.
LICOMEDE, *Frere de Thetis,
   & Roi de l'Isle de Scyros.*   Le Sr. GELIN.
ADMETE, *Roi de Thessalie,*   Le Sr. JÉLIOTE.
ALCESTE, *Princesse d'Yolcos,* La Dlle. CHEVALIER.
Pages & Suivants.
TROUPE de Divinités de la Mer.
TROUPE de Matelots.
PHERÉS, *Pere d'Admete.*   Le Sr. ROCHARD.
Premier TRITON,   Le Sr. BESCHE.
Second TRITON,   Le Sr. RICHER Pere.
THÉTIS,   La Dlle. SELLE.
ÉOLE, *Roi des Vents.*   Le Sr. BENOIST.
TROUPE de Soldats de Licomede.
TROUPE de Soldats Thessaliens.
CLÉANTE, *Ecuyer d'Admete.*   Le Sr. JOGUET.

APOLLON, Le Sr. BESCHE.
PRÊTRES FUNÉRAIRES.
TROUPE DE PLEUREUSES.
LA PRINCIPALE PLEUREUSE,
    La Dlle. DE LAMALLE.
DIANE, La Dlle. DUPEREY.
MERCURE,
CARON, Le Sr. CUVILLIERS.
UNE OMBRE REBUTÉE,
    La Dlle. DE RIANCOURT.
UNE OMBRE HEUREUSE,
    Le Sr. RICHER Fils.
PLUTON, Le Sr. GELIN.
PROSERPINE, La Dlle. DE LAMALLE.
L'OMBRE D'ALCESTE.
ALECTON, Le Sr. BESCHE.
CHŒUR *de Peuples de la Grèce.*
TROUPE *de Bergers & de Bergeres.*

PERSONNAGES DANSANS.

ACTE PREMIER.
PREMIER DIVERTISSEMENT.
TRITONS.
Le Sr. Lany.

Les Srs. Berterin, Billoni, Feuillade, le Lievre, Vestris C. Dubois.

NYMPHES.

Les Dlles. Marquise, Chevrier, Humblot, Coupée, Camille, Masson.

SECOND DIVERTISSEMENT.
MATELOTS.
La Dlle. Lany.

Le Sr. Laval.   La Dlle. Lyonnois.

Les Srs. Baletti C. Rousseau, Galobier.
Les Dlles. Riquet, Dumiray, Deschamps,

ACTE SECOND.
TROUPE D'ASSIÉGÉS.

TROUPE D'ASSIÉGEANS.

ACTE TROISIEME.
POMPE FUNÉBRE.

PRÊTRES FUNÉRAIRES.

PLEUREUSES.

ACTE QUATRIEME.
OMBRES HEUREUSES.

La Dlle. Puvigné.

Les Dlles. Marquife, Chevrier, Humblot, Coupée, Riquet, Dumiray.

DIVINITÉS INFERNALLES.

La Dlle. Lionnois.

Les Srs. Lionnois, Laval, Veftris L.

Les Srs. Veftris C. Feuillade, Billoni, le Liévre, Berterin, Dubois, Beate, Lépi.

ACTE CINQUIEME.

PREMIER DIVERTISSEMENT.

PEUPLES DE LA GRECE.

Le Sr. Veſtris.

Les Srs. Veſtris C. le Liévre, Feuillade, Dubois.

Les Dlles. Marquiſe, Chevrier, Humblot, Coupée.

SECOND DIVERTISSEMENT.

BERGERS ET BERGERES.

La Dlle. Veſtris.

Les Srs. Beate, Lépy, Rouſſeau, Galobier, Marcel, Baletti C.

Les Dlles. Riquet, Dumiray, Maſſon, Deſchamps, Catinon, Camille.

ALCESTE.

ALCESTE,
TRAGÉDIE.

ACTE PREMIER.
La Scene est dans la Ville d'Yolcos en Thessalie.

Le Théâtre représente un Port de Mer, où l'on voit un grand Vaisseau orné & preparé pour une Fête galante au milieu de plusieurs Vaisseaux de Guerre.

SCENE PREMIERE.
ALCIDE, LYCAS, CHŒUR DE THESSALIENS que l'on ne voit point.

CHŒUR.

*V*IVÉS, *vivés, heureux Epoux.*
LYCAS.
Votre Ami le plus cher, épouse la Princesse
La plus charmante de la Grèce,
Lorsque chacun les suit, Seigneur, les fuyés-vous?
CHŒUR, *Vivés, &c.*

B

ALCESTE,

LICAS.
Vous paroissés troublé des cris qui retentissent ;
Quand deux Amants heureux s'unissent
Le cœur du grand Alcide en seroit-il jaloux ?

CHŒUR.
Vivés, vivés, heureux Epoux.

LYCAS.
Seigneur, vous soûpirés, & gardés le silence.

ALCIDE.
Ah Lycas ! laisse-moi partir en diligence.

LYCAS.
Quoi dès ce même jour presser votre départ ?

ALCIDE.
J'aurai beau me presser je partirai trop tard.
Ce n'est point avec toi que je prétens me taire ;
Alceste est trop aimable, elle a trop sçu me plaire ;
Un autre en est aimé, rien ne flatte mes vœux ;
C'en est fait : Admette l'epouse,
Et c'est dans ce moment qu'on les unit tous deux.
Ah ! qu'une ame jalouse
Eprouve un tourment rigoureux !
J'ai peine à l'exprimer moi-même.
Figure-toi, si tu le peux,
Quelle est l'horreur extrême
De voir ce que l'on aime
Au pouvoir d'un Rival heureux.

TRAGÉDIE.
LYCAS.
L'Amour est-il plus fort qu'un Héros indomptable ?
L'univers n'a point eu de Monstre redoutable
  Que vous n'ayés pû surmonter !
ALCIDE.
Eh ! crois-tu que l'amour soit moins à redouter ?

  Le plus grand cœur a sa foiblesse,
Je ne puis me sauver de l'ardeur qui me presse
  Qu'en quittant ce fatal séjour ;
  Contre d'aimables charmes
   La valeur est sans armes
Et ce n'est qu'en fuyant qu'on peut vaincre l'amour.
LYCAS.
Vous devés vous forcer, au moins, à voir la Fête,
Qui deja dans ce Port vous paroît toute prête.
Votre fuite à présent feroit un trop grand bruit ;
  Différés jusques à la nuit.
ALCIDE.
Ah Lycas ! quelle nuit ! Ah quelle nuit funeste !
LYCAS.
Tout le reste du jour voyés encore Alceste.
ALCIDE.
La voir encore ! ... Hé bien différons mon départ,
Je te l'avois bien dit, je partirai trop tard.
Je vais la voir aimer un époux qui l'adore ;
Je verrai dans leurs yeux un tendre empressement.
  Que je vais payer cherement
  Le plaisir de la voir encore !

SCENE II.
ALCIDE, STRATON, LYCAS.
ENSEMBLE.

L'AMOUR a bien des maux, mais le plus grand de tous,
C'est le tourment d'être jaloux.

SCENE III.
CEPHISE, STRATON.
CÉPHISE.

DANS ce beau jour, quelle humeur sombre
Fais-tu voir à contre-tems ?

STRATON.
C'est que je ne suis pas du nombre
Des Amants qui sont contents.

CÉPHISE.
Un ton grondeur & sévere
N'est pas un grand agrément ;
Le chagrin n'avance guère
Les affaires d'un Amant.

TRAGÉDIE.
STRATON.
Lycas a sçû me faire entendre
Que je n'ai plus ton cœur, qu'il doit seul y prétendre,
Et que tu ne vois plus mon amour qu'à regret.
CÉPHISE.
Lycas est peu discret...
STRATON.
Ah ! je m'en doutois bien qu'il vouloit me surprendre.
CÉPHISE.
Lycas est peu discret
D'avoir dit mon secret.
STRATON.
Comment ! il est donc vrai ! tu n'en fais point d'excuse,
Tu me trahis ainsi sans en être confuse ?
CÉPHISE.
Tu te plains sans raison ;
Est-ce une trahison,
Quand on te désabuse ?
STRATON.
Que je suis étonné de voir ton changement !
CÉPHISE.
Si je change d'Amant,
Qu'y trouves-tu d'étrange ?
Est-ce un sujet d'étonnement
De voir une fille qui change ?
STRATON.
Après deux ans passés dans un si doux lien,
Devois-tu jamais prendre une chaîne nouvelle ?

ALCESTE,

CÉPHISE.
Ne comptes-tu pour rien
D'être deux ans fidelle ?

STRATON.
Par un espoir doux & trompeur,
Pourquoi m'engageois-tu dans un amour si tendre ?
Falloit-il me donner ton cœur,
Puisque tu voulois le reprendre ?

CÉPHISE.
Quand je t'offrois mon cœur, c'étoit de bonne-foi,
Que n'empêche-tu qu'on te l'ôte ?
Est-ce ma faute
Si Lycas me plaît plus que toi ?

STRATON.
Ingrate, est-ce le prix de ma persévérance ?

CÉPHISE.
Essaye un peu de l'inconstance :
C'est toi qui le premier m'apris à m'engager,
Pour recompense
Je te veux apprendre à changer.

STRATON ET CÉPHISE.
Il faut {*aimer* / *changer*} *toujours,*
Les plus douces amours
Sont les amours {*fidelles,* / *nouvelles,*}
Il faut {*aimer* / *changer*} *toujours,*

SCENE

SCENE V.
LICOMEDE, STRATON, CÉPHISE.

LICOMEDE.

STRATON *donne ordre qu'on s'aprête,*
Pour commencer la Fête.

STRATON *se retire,* & LICOMEDE *parle à* CÉPHISE.

Enfin, grace au dépit je goute la douceur
De sentir le repos de retour dans mon cœur :
J'étois à préférer au Roi de Thessalie ;
Et si pour sa gloire on publie
Qu'Apollon autrefois lui servit de pasteur,
Je suis Roi de Scyros & Thétis est ma sœur.
J'ai sçu me consoler d'un Himen qui m'outrage,
J'en ordonne les Jeux avec tranquillité.

Qu'aisément le dépit dégage
Des fers d'une ingrate Beauté !
Et qu'après un long esclavage,
Il est doux d'être en liberté !

CÉPHISE.

Il n'est pas sûr toujours de croire l'apparence :
Un cœur bien pris, & bien touché,
N'est pas aisément détaché,

C

ALCESTE,

Ni si-tôt guéri que l'on pense ;
Et l'amour est souvent caché
Sous une feinte indifférence.

LICOMEDE.

Quand on est sans espérance,
On est bien-tôt sans amour.
Mon Rival a la préférence,
Ce que j'aime est en sa puissance,
Je perds tout espoir en ce jour :
Quand on est sans espérance
On est bien-tôt sans amour.

Voici l'heure qu'il faut que la Fête commence ;
Chacun s'avance,
Préparons-nous.

SCENE VI.

PHERÉS ADMETE, ALCESTE, ALCIDE, LYCAS, CÉPHISE, STRATON, CHŒUR.

LE CHŒUR.

Vivés, vivés, heureux Epoux.

PHERÉS.
Jouissés des douceurs du nœud qui vous assemble.

ADMETE ET ALCESTE.
Quand l'Hymen & l'Amour sont bien d'accord en-
semble
Que les nœuds qu'ils forment sont doux !

CHŒUR.
Vivés, vivés, heureux Epoux.

SCENE VII.

Des Nereïdes & des Tritons, forment une Fête, où se mêlent des Matelots.

DEUX TRITONS.

Malgré tant d'orages,
Et tant de naufrages,
Chacun à son tour
S'embarque avec l'Amour.

Par tout où l'on mene
Les cœurs amoureux,
On voit la Mer pleine
D'écueils dangereux ;
Mais sans quelque peine
On n'est jamais heureux :
Une ame constante
Après la tourmente
Espere un beau jour.

Malgré, &c.   On danse.

Céphise vétue en Nereïde, chante alternativement avec le Choeur.

Jeunes Cœurs il faut vous rendre,
Le péril est grand d'attendre ;

TRAGÉDIE.

Vous perdés d'heureux moments
En cherchant à vous défendre ;
Si l'Amour a des tourments
C'est la faute des Amants.

On danse.

CÉPHISE.

Aimable espérance
Regne dans les cœurs :
Tu fais la constance
Des tendres ardeurs :

Quand l'Amour s'envole,
Tu viens le flatter,
Ta voix le console
Et fait l'arrêter.

Aimable espérance, &c.

Ta douceur extrême
Est un don charmant,
Qui vaut le bien même
Qu'on cherche en aimant.

Aimable espérance, &c.

On danse.

LICOMEDE à ALCESTE.

On vous aprête
Dans mon vaisseau
Un divertissement nouveau,

ALCESTE,
LICOMEDE ET STRATON.
Venés voir ce que nôtre Fête
Doit avoir de plus beau.

LICOMEDE conduit ALCESTE dans son Vaisseau, STRATON y mene CÉPHISE, & dans le tems qu'ADMETTE & ALCIDE y veulent entrer, le Pont s'enfonce dans la Mer.

ADMETE ET ALCIDE.
Dieux ! le Pont s'abîme dans l'eau.

CHŒUR des THESSALIENS.
Ah quelle trahison funeste !

ALCESTE ET CÉPHISE.
Au secours, au secours.

ALCIDE.
Perfide...

ADMETE.
Alceste...

ALCIDE ET ADMETE.
Laissons les vains discours.
Au secours, au secours.

Les THESSALIENS courent s'embarquer pour suivre LICOMEDE.

CHŒUR des THESSALIENS.
Au secours, au secours.

SCENE VIII.

THÉTIS, ADMETE, ALCIDE.

THÉTIS sortant de la Mer.

EPOUX infortuné, redoute ma colere,
Tu vas hâter l'instant qui doit finir tes jours ;
C'est Thétis que la Mer revere,
Que tu vois contre toi du parti de son Frere ;
Et c'est à la mort que tu cours.

ADMETE ET ALCIDE.

Au secours, au secours.

THÉTIS.

Puisqu'on méprise ma puissance
Que les vents déchaînés
Que les flots mutinés
S'arment pour ma vengeance.

THÉTIS rentre dans la Mer, & les Aquilons excitent une tempête qui agite les Vaisseaux qui s'efforcent de poursuivre LICOMEDE.

SCENE IX.

ÉOLE, ADMETE, ALCIDE.

ÉOLE.

LE Ciel protége les Héros,
Allés, Admete, allés Alcide;
Le Dieu qui sur les Dieux préside
M'ordonne de calmer les flots:
Allés, poursuivés un perfide.

ADMETE & ALCIDE courent s'embarquer.

Retirés-vous
Vents en courroux,
Rentrés dans vos prisons profondes:
Et laissés regner sur les ondes
Les Zéphirs les plus doux.

L'orage cesse, les ZÉPHIRS volent & font fuir les AQUILONS qui tombent dans la Mer avec les nuages qu'ils en avoient élevés; les Vaisseaux D'ALCIDE & D'ADMETE poursuivent LICOMEDE.

FIN DU PREMIER ACTE.

ACTE

ACTE SECOND.

La Scène est dans l'Isle de Scyros, & le Théâtre représente la principale Ville de cette Isle.

SCENE PREMIERE.

LICOMEDE, ALCESTE, STRATON,
Soldats de Licomede.

LICOMEDE.

Allons, allons, la plainte est vaine.

ALCESTE.

Ah quelle rigueur inhumaine !

LICOMEDE.

Allons, je suis sourd à vos cris,
Je me vange de vos mepris.

ALCESTE.

Quoi vous serez inexorable ?

D

LICOMEDE.
Cruelle, vous m'avez appris
A devenir impitoyable.

ALCESTE.
Est-ce ainsi que l'Amour a sçu vous émouvoir ?
Est-ce ainsi que pour moi votre ame est attendrie ?

LICOMEDE.
L'Amour se change en Furie
Quand il est au désespoir :

Puisque je perds toute espérance,
Je veux désespérer mon Rival à son tour ;
Et les douceurs de la vengeance
Ont dequoi consoler des rigueurs de l'Amour.

ALCESTE.
Voyés la douleur qui m'accable.

LICOMEDE.
Vous avés sans pitié regardé ma douleur,
Vous m'avés rendu misérable,
Vous partagerés mon malheur.

ALCESTE.
Admete avoit mon cœur dès ma plus tendre enfance ;
Nous ne connoissions pas l'Amour ni sa puissance,
Lorsque d'un nœud fatal il vint nous enchainer :
Ce n'est pas une grande offence
Que le refus d'un cœur qui n'est plus à donner.

TRAGÉDIE.
LICOMEDE.

Est-ce aux Amants qu'on désespere
A devoir rien examiner ?
Non, je ne puis vous pardonner
D'avoir trop sçu me plaire.

Que ne m'ont point coûté vos funestes attraits !
Ils ont mis dans mon cœur une cruelle flâme,
Ils ont arraché de mon ame
L'innocence & la paix.

Non, Ingrate, non, Inhumaine,
Non, quelque soit votre peine,
Non, je ne vous rendrai jamais
Tous les maux que vous m'avés faits.

STRATON.
Voici l'Ennemi qui s'avance
En diligence.

LICOMEDE.
Préparons - nous
A nous défendre.

ALCESTE.
Ah cruel, que n'épargnés-vous
Le sang qu'on va répandre !

LICOMEDE contraint ALCESTE d'entrer dans la Ville, & les Soldats de LICOMEDE en ferment la porte aussi-tôt qu'ils y sont entrés.

SCENE II.

ADMETE, ALCIDE, LYCAS,
Soldats assiégeans.

ADMETE ET ALCIDE.

*M*ARCHÉS, marchés, marchés.
Aprochés, Amis, aprochés,
Marchés, marchés, marchés.

Hâtons-nous de punir des Traîtres,
Rendons-nous Maîtres
Des murs qui les tiennent cachés :
Marchés, marchés, marchés.

SCENE III.

LICOMEDE, STRATON, Soldats assiégés,
ADMETE, ALCIDE, LYCAS.
Soldats assiégeans.

LICOMEDE sur les Remparts.

Ne prétendés pas nous surprendre,
Venés, nous allons vous attendre:
Nous ferons tous notre devoir
Pour vous bien recevoir.

ADMETE.

Perfide, évite un sort funeste,
On te pardonne tout si tu veux rendre Alceste.

LICOMEDE.

J'aime mieux mourir, s'il le faut,
Que de ceder jamais cet Objet plein de charmes.

ADMETE ET ALCIDE.

A l'assaut, à l'assaut.

LICOMEDE ET STRATON.

Aux armes, aux armes.

LES ASSIEGEANS.

A l'assaut, à l'assaut.

ALCESTE,

LES ASSIEGÉS.
Aux armes, aux armes.

ADMETE, ET LICOMEDE.
A moi, Compagnons, à moi.
Suivés votre Roi.

Les Assiegés par une sortie s'efforcent d'empêcher l'assaut.

ALCIDE.
C'est Alcide
Qui vous guide.

ADMETE, ET ALCIDE.
A moi, Compagnons, à moi.

ALCIDE s'oppose à l'entreprise des Troupes qui sont sorties de la Ville, il rétablit l'assaut & fait avancer un Bélier pour battre un des côtés de la Place.

TOUS ENSEMBLE.
Donnons, donnons de toutes parts.

LES ASSIEGEANS.
Que chacun à l'envi combatte.
Que l'on abbatte
Les Tours, & les remparts.

TRAGÉDIE.
TOUS.

Donnons, donnons de toutes parts.
Courage, courage, courage,
Ils sont à nous, ils sont à nous.

Les Assiegés voyant leurs Remparts à-demi abbatus, font un dernier effort dans une seconde sortie pour repousser les Assiegeans.

ALCIDE.

C'est trop disputer l'avantage,
Je vais vous ouvrir un passage,
Suivés moi tous, suivés moi tous.

ALCIDE entre dans la Ville, suivi de ses Troupes par la Porte qu'il vient d'enfoncer, ADMETE suivi des siennes y entre par la Bréche.

LES ASSIEGEANS.

Courage, courage, courage,
Ils sont à nous, ils sont à nous.
Achevons d'emporter la place;
L'ennemi commence à plier.
Main basse, main basse, main basse.

LES ASSIEGÉS rendant les Armes.

Quartier, quartier, quartier.

ALCESTE,
LES ASSIEGEANS.
La Ville est prise.
LES ASSIEGÉS.
Quartier, quartier, quartier.
LICAS terrassant STRATON.
Il faut rendre Céphise.
STRATON.
Je suis ton prisonnier.
Quartier, quartier, quartier.

SCENE IV.

PHERÉS armé, & marchant avec peine.

QUOI c'en est dèja fait, & l'on a pris la Ville;
La foiblesse de l'âge a retardé mes pas:
 La valeur devient inutile
Quand la force n'y répond pas.

 Que la vieillesse est lente!
 Les efforts qu'elle tente
 Sont toujours impuissans:
C'est une charge bien pesante
Qu'un fardeau de quatre-vingts-ans.

SCENE

SCENE V.
ALCIDE, ALCESTE, CÉPHISE, PHERÉS.

ALCIDE A PHERÉS.

Rendés à votre Fils cette aimable Princesse.
PHERÉS.
Ce don de votre main seroit encor plus doux.
ALCIDE.
Allés, allés la rendre à son heureux Epoux.
ALCESTE.
Tout est soumis, la guerre cesse ;
Seigneur, pourquoi me laissés-vous ?
Quel nouveau soin vous presse ?
ALCIDE.
Vous n'avés rien à redouter,
Je vais chercher ailleurs des Tyrans à dompter.
ALCESTE.
Les nœuds d'une amitié pressante

ALCESTE,

*Ne retiendront-ils point votre ame impatiente ?
Et la Gloire toujours vous doit-elle emporter ?*

ALCIDE.

Gardés-vous bien de m'arrêter.

ALCESTE.

*C'est votre valeur triomphante
Qui fait le sort charmant que nous allons goûter ;
Quelque douceur que l'on ressente,
Un ami tel que vous l'augmente :
Voulés-vous si-tôt nous quitter ?*

ALCIDE.

*Gardés-vous bien de m'arrêter.
Laissés, laissés-moi fuir un charme qui m'enchante :
Non, toute ma vertu n'est pas assés puissante
Pour répondre d'y résister.
Non, encore une fois, Princesse trop charmante,
Gardés-vous bien de m'arrêter.*

SCENE VI.
ALCESTE, PHERÉS, CÉPHISE.

ENSEMBLE.

Cherchons Admete promptement.

ALCESTE.

Peut-on chercher ce qu'on aime
Avec trop d'empressement!
Quand l'amour est extrême,
Le moindre éloignement
Est un cruel tourment.

SCENE VII.

ADMETE blessé & porté sur des Boucliers par quelques Soldats, CLEANTE, ALCESTE, PHERES, CÉPHISE.

ALCESTE.

O *Dieux! quel spectacle funeste?*

*

CLEANTE.

Le chef des Ennemis mourant, & terrassé,
De sa rage expirante a ramassé le reste,
Le Roi vient d'en être blessé.

ADMETE.

Je meurs, charmante Alceste,
Mon sort est assés doux
Puisque je meurs pour vous.

ALCESTE.

C'est pour vous voir mourir que le Ciel me délivre !

ADMETE.

Avec le nom de votre Epoux
J'eusse été trop heureux de vivre;
Mon sort est assés doux
Puisque je meurs pour vous.

ALCESTE.

Est-ce là cet Hymen si doux, si plein d'appas,
Qui nous promettoit tant de charmes ?
Falloit-il que si-tôt l'aveugle sort des armes
Tranchât des nœuds si beaux par un affreux trépas ?
Est-ce là cet Hymen si doux, si plein d'appas !
Qui nous promettoit tant de charmes ?

TRAGÉDIE.

ADMETE.
Alceste, vous pleurés.

ALCESTE.
Admete, vous mourés.

ALCESTE.
Se peut-il que le Ciel permette
Que les cœurs d'Alceste & d'Admete
Soient ainsi séparés ?

ADMETE.
Alceste, vous pleurés.

ALCESTE.
Admete, vous mourés.

SCENE VIII.

*APOLLON, ADMETE, ALCESTE,
PHERÉS, CÉPHISE, CLEANTE,* Soldats.

APOLLON.

*La Lumiere aujourd'hui te doit être ravie ;
Il n'est qu'un seul moyen de prolonger ton sort :
Le destin me promet de te rendre la vie,
Si quelqu'autre pour toi veut s'offrir à la mort.
Reconnois si quelqu'un t'aime parfaitement :
Sa mort aura pour prix une immortelle gloire :
Pour en conserver la mémoire
Les Arts vont élever un pompeux Monument.*

Fin du second Acte.

ACTE TROISIÉME.

Le Théâtre repréfente un Monument élevé par les Arts. Un Autel vuide paroît au milieu pour fervir à porter l'image de la perfonne qui s'immolera pour ADMETE.

SCENE PREMIERE.
ALCESTE, PHERÉS, CÉPHISE.

ALCESTE.

Ah, pourquoi nous féparés-vous ?
Eh ! du moins attendés que la mort nous fépare ;
 Cruels ! quelle pitié barbare
Vous preffe d'arracher Alcefte à fon Epoux ?
 Ah, pourquoi nous féparés-vous ?

PHERÉS ET CÉPHISE.

Plus votre Epoux mourant voit d'amour & d'appas,
Et plus le jour qu'il perd lui doit faire d'envie :
 Ce font les douceurs de la vie
 Qui font les horreurs du trépas.

F *

ALCESTE.

Les Arts n'ont point encore achevé leur ouvrage;
Cet Autel doit porter la glorieuse Image
De qui signalera sa foi
En mourant pour sauver son Roi.

Le prix d'une gloire immortelle
Ne peut-il toucher un grand cœur?
Faut-il que la Mort la plus belle
Ne laisse pas de faire peur?
A quoi sert la foule importune
Dont les Rois sont embarrassés?
Un coup fatal de la Fortune
Ecarte les plus empressés.

ALCESTE, PHERÉS, ET CÉPHISE.

De tant d'Amis qu'avoit Admete
Aucun ne vient le secourir;
Quelqu'honneur qu'on promette
On le laisse mourir.

PHERÉS.

J'aime mon Fils, je l'ai fait Roi;
Pour le rendre à la vie
Je mourrois sans effroi
Si je pouvois offrir des jours dignes d'envie.

TRAGÉDIE.

CÉPHISE.

Les honneurs les plus éclatans
Envain dans le tombeau promettent de nous suivre;
On ne peut renoncer à vivre
La mort est affreuse en tout temps.

ALCESTE.

Chacun est satisfait des excuses qu'il donne :
Cependant on ne voit personne
Qui pour sauver Admete ôse perdre le jour ;
Le devoir, l'amitié, le sang tout l'abandonne,
Il n'a plus d'espoir qu'en l'Amour.

SCENE II.

PHERÉS, CLEANTE, CHŒUR que l'on ne voit point.

PHERÉS.

VOYONS encor mon Fils, allons, hâtons nos pas ;
Ses yeux vont se couvrir d'éternelles ténébres.

CHŒUR.

Hélas ! hélas ! hélas !

PHERÉS.

Quels cris ! quelles plaintes funébres !

CHŒUR.

Hélas ! hélas ! hélas !

ALCESTE,
PHERÉS.

Où vas-tu ? Cleante, demeure.

CLEANTE.

Hélas ! hélas !
Le Roi touche à sa derniere heure,
Il s'affoiblit, il faut qu'il meure,
Et je viens pleurer son trépas.

PHERÉS.

On le plaint, tout le monde pleure,
Mais nos pleurs ne le sauvent pas.
Hélas ! hélas !

CHŒUR.

Hélas ! hélas ! hélas !

SCENE III.

CHŒUR *que l'on ne voit point.* ADMETE, PHERÉS, CLEANTE.

CHŒUR.

O *Trop heureux Admete !*
Que votre sort est beau !

PHERÉS EE CLEANTE.

Quel changement ! quel bruit nouveau !

TRAGÉDIE.
CHŒUR.

Ô trop heureux Admete !
Que votre sort est beau !

PHERÉS ET CLEANTE voyant ADMETE.

L'effort d'une amitié parfaite
L'a sauvé du tombeau.

PHERÉS embrassant ADMETE.

O trop heureux Admete !
Que votre sort est beau !

CHŒUR.

O trop heureux Admete !
Que votre sort est beau !

ADMETE.

Qu'une pompe funébre
Rende à jamais célébre
Le généreux effort
Qui m'arrache à la mort.

Alceste n'aura plus d'allarmes,
Je reverrai ses yeux charmants
A qui j'ai coûté tant de larmes :
Que la vie a de charmes
Pour les heureux Amants !

Achevés, Dieu des Arts, faites-nous voir l'image
Qui doit éterniser la grandeur de courage

F ij

44   *ALCESTE,*

De qui s'est immolé pour moi ;
Ne différés pas davantage...
Ciel ! ô Ciel ! qu'est-ce que je voi !

L'Autel s'ouvre, & l'on voit sortir l'image D'ALCESTE qui se perce le sein.

SCENE IV.
CÉPHISE, ADMETE, PHERÉS, CLEANTE, CHŒUR que l'on ne voit point.

CÉPHISE.

ALCESTE est morte.

ADMETE.
Alceste est morte !

CHŒUR.
Alceste est morte.

CÉPHISE.
Alceste a satisfait les Parques en couroux ;
Votre tombeau s'ouvroit, elle y descend pour vous,
Jamais ardeur ne fut si fidelle & si forte,
Alceste est morte.

ADMETE.
Alceste est morte !

TRAGÉDIE.
CHŒUR.
Alceste est morte.
CÉPHISE.
Sujets, amis, parents, vous abandonnoient tous;
Sur les droits les plus forts, sur les nœuds les plus doux,
L'Amour, le tendre Amour l'emporte:
Alceste est morte.
ADMETE.
Alceste est morte!
CHŒUR.
Alceste est morte.

ADMETE veut se tuer, on le désarme.

SCENE V.

Prêtres Funeraires vêtus de blanc & couronés de Cyprès selon l'usage du deuil antique, & Pleureuses, en grands crêpes couronnés de fleurs, portant les uns & les autres divers attributs des pompes funébres des Anciens, ainsi que tous les ornemens qui ont servi à parrer ALCESTE.

Tous les Personnages qui composent la Pompe funébre, vont déposer aux pieds D'ALCESTE les urnes de parfums, des fleurs & les autres attributs qu'ils portent.

LA PRINCIPALE PLEUREUSE.

LA Mort, la Mort barbare,
Détruit aujourd'hui mille appas.
Quelle Victime, hélas!
Fut jamais si belle, & si rare?
La Mort, la Mort barbare
Détruit aujourd'hui mille appas.
Alceste, la Charmante Alceste,
La fidelle Alceste n'est plus.

CHŒUR.

Alceste, la Charmante Alceste,
La fidelle Alceste n'est plus.

TRAGÉDIE.

LA PRINCIPALE PLEUREUSE.

Tant de beautés, tant de vertus,
Méritoient un sort moins funeste.
Alceste, la Charmante Alceste,
La fidelle Alceste n'est plus.

CHŒUR.

Que nos pleurs, que nos cris renouvellent sans cesse
Allons porter partout la douleur qui nous presse.

SCENE VI.

ADMETE, PHERÉS, CÉPHISE, CLEANTE.

ADMETE se voyant desarmé.

Sans Alceste, sans ses appas,
Croyés-vous que je puisse vivre!
Laissés moi courir au trépas
Où ma chere Alceste se livre.
Sans Alceste sans ses appas,
Croyés-vous que je puisse vivre?
C'est pour moi qu'elle meurt, helas!
Pourquoi m'empêcher de la suivre?
Sans Alceste, sans ses appas,
Croyés-vous que je puisse vivre.

SCENE VII.

ALCIDE, ADMETE, PHERÉS, CÉPHISE, CLEANTE.

ALCIDE.

TU me vois arrêté sur le point de partir
Par les tristes clameurs qu'on entend retentir.

ADMETE.

Alceste meurt pour moi par un amour extrême,
Je ne reverrai plus les yeux qui m'ont charmé :
    Hélas ! j'ai perdu ce que j'aime
    Pour avoir été trop aimé.

ALCIDE.

J'aime Alceste, il est temps de ne m'en plus défendre :
Elle meurt, ton amour n'a plus rien à prétendre ;
Admete, céde-moi la Beauté que tu perds :
Au Palais de Pluton j'entreprends de descendre :
    J'irai jusqu'au fonds des Enfers
    Forcer la mort à me la rendre.

ADMETE.

    Je verrois encore ses beaux yeux ?
Allés, Alcide, allés, revenés glorieux :

Obtenés

TRAGÉDIE.

Obtenés qu'Alceste vous suive :
Le Fils du plus puissant des Dieux
Est plus digne que moi du bien dont on me prive.
Allés, allés ne tardés pas,
Arrachés Alceste au trépas,
Et ramenés au jour son Ombre fugitive ;
Qu'elle vive pour vous avec tous ses appas,
Admete est trop heureux pourvû qu'Alceste vive.

PHERÉS, CÉPHISE, CLÉANTE.

Allés, allés, ne tardés pas,
Arrachés Alceste au trépas.

SCENE VIII.
MERCURE, ALCIDE, ADMETE, PHERÉS, CÉPHISE, CLEANTE.

DIANE sur un Nuage.

DIANE.

LE Dieu dont tu tiens la naissance
Oblige tous les Dieux d'être d'intelligence
En faveur d'un dessein si beau ;
Je viens t'offrir mon assistance ;

*Et Mercure s'avance
Pour t'ouvrir aux Enfers un passage nouveau*

Mercure vient en volant frapper la Terre de son Caducée, l'Enfer s'ouvre, & ALCIDE y descend.

Fin du troisiéme Acte.

ACTE QUATRIÉME.

Le Théâtre repréfente le Fleuve Acheron & fes fombres Rivages.

SCENE PREMIERE.
CARON, LES OMBRES.

CARON dans fa Barque

Il faut paffer tôt ou tard,
Il faut paffer dans ma Barque.
On y vient jeune, ou vieillard,
Ainfi qu'il plaît à la Parque;
On y reçoit fans égard,
Le Berger, & le Monarque.
Il faut paffer tôt ou tard,
Il faut paffer dans ma Barque.

Vous qui voulés paffer, venés, Mânes errants,
Venés, avancés, triftes Ombres,
Payés le tribut que je prens,
Ou retournés errer fur ces Rivages fombres.

ALCESTE,

LES OMBRES.
Passe-moi, Caron, passe-moi.

CARON.
Il faut auparavant que l'on me satisfasse,
On doit payer les soins d'un si pénible emploi.

LES OMBRES.
Passe-moi, Caron, passe-moi,

Caron fait entrer dans sa Barque les Ombres qui ont dequoi le payer.

CARON.
Donne, passe, donne, passe,
Demeure, toi ;
Tu n'as rien, il faut qu'on te chasse.

UNE OMBRE rebutée.
Une Ombre tient si peu de place.

CARON.
Ou paie, ou tourne ailleurs tes pas.

L'OMBRE.
De grace, par pitié, ne me rebutte pas.

CARON.
La pitié n'est point ici bas,
Et Caron ne fait point de grace.

L'OMBRE.
Hélas ! Caron, hélas ! hélas !

TRAGEDIE.
CARON.
Crie hélas ! tant que tu voudras,
Rien pour rien, en tous lieux est une loi suivie :
Les mains vuides sont sans appas ;
Et ce n'est point assez de payer dans la vie.
Il faut encore payer au-de-là du trépas.

SCENE II.
ALCIDE, CARON, LES OMBRES.

ALCIDE sautant dans la Barque.
SORTÉS, Ombres, faites moi place,
Vous passerés une autre fois.

                Les OMBRES s'enfuient
CARON.
Ah ma Barque ne peut souffrir un si grand poids !
ALCIDE.
Allons, il faut que l'on me passe.
CARON.
Retire-toi d'ici, mortel, qui que tu sois,
Les Enfers irrités puniront ton audace.
ALCIDE.
Passe-moi, sans tant de façons.

ALCESTE,
CARON.
L'eau nous gagne, ma Barque crêve.
ALCIDE.
Allons, rame, depêche, acheve.
CARON.
Nous enfonçons.
ALCIDE.
Paſſons, paſſons.

SCENE III.
Le Théâtre change & repréſente le Palais de PLUTON.

PLUTON, PROSERPINE, L'OMBRE D'ALCESTE, Suivans de Pluton, Ombres heureuſes.

PLUTON ſur ſon Trône.

REÇOI le juſte prix de ton amour fidelle;
Que ton deſtin nouveau ſoit heureux à jamais;
Commence de goûter la douceur éternelle
D'une profonde paix.

TRAGEDIE.

SUIVANTS DE PLUTON.

Commence de goûter la douceur éternelle
D'une profonde paix.

Les OMBRES heureuses reçoivent parmi elles
L'OMBRE D'ALCESTE.

UNE OMBRE heureuse alternativement avec
le CHŒUR.

Digne Fille de Cerès,
La Belle Alceste t'implore,
Calme les tristes regrets
Du tendre Epoux qui l'adore.

Au nom des droits des Amants
Ouvre ton cœur à ses plaintes,
Au nom de tes traits charmans
Dont Pluton sent les atteintes.

Digne Fille, &c.

PROSERPINE à côté de PLUTON.

Tous tes vœux seront satisfaits.
L'épouse de Pluton te retient auprès d'elle.

PLUTON ET PROSERPINE.

En faveur d'une Ombre si belle,
Que l'Enfer fasse voir tout ce qu'il a d'attraits.

Les Suivants de PLUTON se réjouissent de la venue
D'ALCESTE dans les Enfers.

ALCESTE,
SUIVANS DE PLUTON.

Tout mortel doit ici paroître ;
On ne peut naître
Que pour mourir :
De cent maux le trepas délivre ;
Qui cherche à vivre
Cherche à souffrir.

Venés tous sur nos sombres bords ;
Le repos qu'on désire
Ne tient son Empire
Que dans le séjour des morts.

On danse.

Chacun vient ici bas prendre place,
Sans cesse on y passe,
Jamais on n'en sort.

C'est pour tous une loi nécessaire ;
L'effort qu'on peut faire
N'est qu'un vain effort :
Est-on sage
De fuir ce passage ?
C'est un orage
Qui mene au Port.

Chacun vient ici bas prendre place,
Sans cesse on y passe,
Jamais on n'en sort.

Tous

TRAGÉDIE.

Tous les charmes,
Plaintes, cris, larmes,
Tout est sans armes
Contre la mort.
Chacun vient ici bas prendre place,
Sans cesse on y passe,
Jamais on n'en sort.

On danse.

SCENE IV.

ALECTON, PLUTON, PROSERPINE, L'OMBRE D'ALCESTE, SUIVANTS DE PLUTON, OMBRES HEUREUSES.

ALECTON.

QUITTÉS, quittés les jeux, songés à vous défendre;
Contre un Audacieux unissons nos efforts :
Le Fils de Jupiter vient ici de descendre;
Seul, il ose attaquer tout l'Empire des morts.

PLUTON.

Qu'on arrête ce Téméraire,
Armés vous, Amis, armés vous :
Qu'on déchaîne Cerbere;
Courés tous, courés tous.

ALCESTE,
ALECTON.

Son bras abat tout ce qu'il frappe,
Tout cede à ses horribles coups,
Rien ne résiste, rien n'échappe.

SCENE V.

ALCIDE, PLUTON, PROSERPINE,
ALECTON, SUIVANTS DE PLUTON.
OMBRES HEUREUSES.

PLUTON, voyant ALCIDE.

INSOLENT, jusqu'ici braves-tu mon couroux ?
Quelle injuste audace t'engage
A troubler la paix de ces lieux ?

ALCIDE.

Je suis né pour domter la rage
Des monstres les plus furieux.

PLUTON.

Est-ce le Dieu jaloux qui lance le Tonnerre
Qui t'oblige à porter la guerre
Jusqu'au centre de l'Univers ?
Il tient sous son pouvoir & le Ciel & la Terre,
Veut-il encor ravir l'Empire des Enfers ?

TRAGÉDIE.
ALCIDE.

Non, Pluton, regne en paix, jouis de ton partage;
Je viens chercher Alceste en cet affreux séjour:
Permets que je la rende au jour,
Je ne veux point d'autre avantage.

Si c'est te faire outrage
D'entrer par force dans ta Cour,
Pardonne à mon courage,
Et fais grace à l'Amour.

PROSERPINE.

Un grand cœur peut tout quand il aime,
Tout doit céder à son effort.
C'est un Arrêt du sort,
Il faut que l'amour extrême
Soit plus fort
Que la mort.

PLUTON.

Les Enfers, Pluton lui-même,
Tout doit en être d'accord;
Il faut que l'Amour extrême
Soit plus fort
Que la Mort.

Que pour revoir le jour l'Ombre d'Alceste sorte.
Prenés place tous deux au char dont je me sers:
Qu'au gré de vos vœux, il vous porte;

H ij

ALCESTE,

Partés, les chemins sont ouverts.
Qu'une volante escorte
Vous conduise au travers
Des noires vapeurs des Enfers.

ALCIDE & L'OMBRE D'ALCESTE se placent sur le Char de PLUTON, qui les enleve.

ACTE CINQUIÉME.

Le Théâtre repréſente un Arc de Triomphe & des Amphithéâtres, où l'on voit une multitude de différents Peuples de la Grèce aſſemblés pour recevoir ALCIDE triomphant des Enfers.

SCENE PREMIERE.
ADMETE, CHŒUR.

ADMETE.

ALCIDE eſt vainqueur du trépas,
L'Enfer ne lui réſiſte pas.
Il ramene Alceſte vivante ;
Que chacun chante,
Alcide eſt vainqueur du trépas,
L'Enfer ne lui réſiſte pas.

CHŒUR.

Alcide eſt vainqueur du trépas,
L'Enfer ne lui réſiſte pas.

ADMETE.
Quelle douleur secrete
Rend mon ame inquiete,
Et trouble mon amour?
Alceste voit encor le jour,
Mais c'est pour un autre qu'Admete!

CHŒUR.
Alcide est vainqueur du trépas,
L'Enfer ne lui résiste pas.

ADMETE.
Ah! du moins cachons ma tristesse;
Alceste dans ces lieux ramene les plaisirs.
Je dois rougir de ma foiblesse,
Quelle honte à mon cœur de mêler des soupirs
Avec tant de cris d'allegresse!

CHŒUR.
Alcide est vainqueur du trépas,
L'Enfer ne lui résiste pas.

ADMETE.
Par une ardeur impatiente
Courons, & devançons ses pas.
Il ramene Alceste vivante,
Que chacun chante.

ADMETE, ET LE CHŒUR.
Alcide est vainqueur du trépas,
L'Enfer ne lui résiste pas.

SCENE II.

LYCAS, STRATON enchaîné.

LYCAS mettant STRATON en liberté.

Aujourd'hui qu' Alcide ramene
Alceste des Enfers,
Je veux finir ta peine.
Qu'on ne porte plus d'autres fers
Que ceux dont l'Amour nous enchaîne.

STRATON ET LYCAS.

Qu'on ne porte plus d'autres fers
Que ceux dont l'Amour nous enchaîne.

SCENE III.

CÉPHISE, LYCAS, STRATON.

LYCAS ET STRATON.

VOI, Céphise, voi qui de nous
Peut rendre ton destin plus doux.

LYCAS.

Mes amours seront éternelles.

STRATON.

Mon cœur ne sera plus jaloux.

LICAS ET STRATON.

Entre deux Amants fidelles,
Choisis un heureux Epoux.

CÉPHISE.

Je n'ai point de choix à faire ;
Parlons d'aimer & de plaire,
Et vivons toujours en paix.
L'Hymen détruit la tendresse,
Il rend l'Amour sans attraits ;
Voulés vous aimer sans cesse,
Amants, n'épousés jamais.

LYCAS.

TRAGEDIE.
LICAS.
Prenons part aux transports d'une joie éclatante.
CHŒUR.
Que chacun chante,
Alcide est vainqueur du trépas
L'enfer ne lui resiste pas.

SCENE IV.
ALCIDE, ALCESTE, ADMETE, CÉPHISE, LYCAS, STRATON, PHERÉS, CLÉANTE, CHŒUR.

ALCIDE.
POUR une si belle victoire
Peut-on avoir trop entrepris ?
Ah qu'il est doux de courir à la gloire
Lorsque l'amour en doit donner le prix !
Vous détournés vos yeux ! je vous trouve insensible ?
Admete a seul ici vos regards les plus doux ?

ALCESTE.
Je fais ce qui m'est possible
Pour ne regarder que vous.

I

ALCIDE.

Vous devés suivre mon envie,
C'est pour moi qu'on vous rend le jour.

ALCESTE.

Je n'ai pu reprendre la vie
Sans reprendre aussi mon amour.

ALCIDE.

Admete en ma faveur vous a cédé lui-même.

ADMETE.

Alcide pouvoit seul vous ravir au trépas :
Alceste, vous vivés, je revoi vos appas,
Ai-je pu trop payer cette douceur extrême.

ADMETE ET ALCESTE.

Ah, que ne fait-on pas
Pour sauver ce qu'on aime!

ALCIDE.

Vous soupirés tous deux au gré de vos desirs;
Est-ce ainsi qu'on me tient parole?

ADMETE ET ALCESTE.

Pardonnés aux derniers soupirs
D'un malheureux Amour qu'il faut qu'on vous im-
            mole.

Alcefte.   } *il ne faut plus nous voir.*
Admete.

TRAGÉDIE.

D'un autre que { de moi votre sort / de vous mon destin } doit dépendre,
Il faut dans les grands cœurs que l'amour le plus tendre
Soit la victime du devoir.
Alceste. / Admete. } il ne faut plus nous voir.

ADMETE se retire, & ALCESTE offre sa main à
ALCIDE qui arrête ADMETE, & lui céde la main
qu'ALCESTE lui présente.

ALCIDE.

Non, non, vous ne devés pas croire
Qu'un Vainqueur des Tyrans soit Tyran à son tour :
Sur l'enfer, sur la mort, j'emporte la victoire ;
Il ne manque plus à ma gloire
Que de triompher de l'Amour.

ADMETE ET ALCESTE.

Ah quelle gloire extrême !
Quel héroïque effort !
Le vainqueur de la mort
Triomphe de lui-même.

SCENE V. ET DERNIERE.

ALCIDE, ALCESTE, ADMETE,
CÉPHISE, LYCAS, STRATON, PHERÉS,
CLEANTE, LE CHŒUR.

CHŒUR.

Aimés en paix, heureux époux,
Triomphés, généreux Alcide,
Que { toujours la gloire / sans cesse l'amour } vous guide,
Jouissés à jamais des { honneurs / plaisirs } les plus doux.

Aimés en paix, heureux époux,
Triomphés, généreux Alcide.

On danse.

STRATON.

A quoi bon
Tant de raison
Dans le bel âge?
A quoi bon
Tant de raison
Hors de saison?

TRAGÉDIE,

Qui craint le danger
De s'engager
Est sans courage :
Tout rit aux amants
Les Jeux charmants
Sont leur partage :
Tôt, tôt, tôt soyons contents,
Il vient un temps
Qu'on est trop sage.

On danse.

CÉPHISE.

C'est la saison d'aimer
Quand on sçait plaire,
C'est la saison d'aimer
Quand on sçait charmer.

Les plus beaux de nos jours ne durent guère,
Le sort de la Beauté nous doit allarmer,
Nos champs n'ont point de fleur plus passagere ;

C'est la saison d'aimer
Quand on sçait plaire,
C'est la saison d'aimer
Quand on sçait charmer.

Un peu d'amour est nécessaire,
Il n'est jamais trop tôt de s'enflamer ?
Nous donne-t'on un cœur pour n'en rien faire ?

ALCESTE, TRAGÉDIE.

C'est la saison d'aimer
Quand on sçait plaire
C'est la saison d'aimer
Quand on sçait charmer.

Des BERGERS & des BERGERES se joignent au Peuple pour célébrer le triomphe D'ALCIDE & la réunion D'ADMETE & D'ALCESTE.

CÉPHISE.

Vole de victoire en victoire,
Triomphe amour, rends-nous heureux,
Un cœur dont tu remplis les vœux
Devient le Temple de ta gloire.

Il n'est point sans toi de plaisirs,
Sans toi la vie est languissante,
Réponds, réponds à notre attente,
Nous t'appellons par nos desirs.

Vole de victoire, &c.

On danse.

CHOEUR. *Aimez en paix, &c.*

Fin du cinquiéme & dernier Acte.

www.ingramcontent.com/pod-product-compliance
Lightning Source LLC
LaVergne TN
LVHW022116080426
835511LV00007B/849